Walka Duchowa

SIOSTRA EMMANUEL MAILLARD

Walka Duchowa

Najszybsza droga do zjednoczenia z Bogiem

© 2021 by Children of Medjugorje inc.
All rights reserved.

Przetłumaczone przez Beata Breiter.

Wszelkie prawa zastrzeżone. Żadna część niniejszej publikacji nie może być powielana, rozpowszechniana lub przekazywana w jakiejkolwiek formie lub w jakikolwiek sposób, w tym poprzez fotokopiowanie, nagrywanie lub za pomocą innych metod elektronicznych lub mechanicznych, bez uprzedniej pisemnej zgody wydawcy, z wyjątkiem krótkich cytatów zawartych w recenzjach krytycznych i niektórych innych niekomercyjnych zastosowań dozwolonych przez prawo autorskie.

ISBN-13: 978-1-7377881-2-6 (KSIĄŻKA W BROSZUROWEJ OPRAWIE)
ISBN-13: 978-1-7377881-3-3 (E-BOOK W FORMACIE EPUB)

10 9 8 7 6 5 4 3 2 1

Dostępne w e-booku.

Children of Medjugorje
www.childrenofmedjugorje.com

Droga Siostro,

Dziękuję za tę małą broszurkę o walce duchowej. Wydaje mi się ona bardzo pedagogiczna, a cytaty z ojców pustyni i świętych – całkiem właściwe. Jest rzeczą oczywistą, że dziś, bardziej niż kiedykolwiek, nadeszła godzina walki duchowej.

Bardzo chętnie daję Siostrze *nihil obstat*.

Ks. bp Marc Aillet, biskup Bayonne, 9 maja 2020 r.

Spis treści

Walka duchowa: najszybsza droga do zjednoczenia z Bogiem . . . ix

1. Modlitwa, miejsce jednoczenia się z Bogiem, jest absolutnie podstawowa! . . . 1
2. Szatan usiłuje przeciwstawić się modlitwie ze wszystkich swych sił . . . 3
3. Broń, która pozwoli odnieść zwycięstwo . . . 7
4. Bóg pozwala na tę walkę tylko na tyle, na ile może ona pomóc nam wzrastać i bardziej z Nim się jednoczyć . . . 17
5. Owoce dobrze prowadzonej walki . . . 19

1. ANEKS 1: Kilka orędzi Maryi na temat różańca . . . 27
2. ANEKS 2: Potężna modlitwa . . . 29
3. ANEKS 3: Maryja przychodzi nam z pomocą . . . 31
4. ANEKS 4: Światła od papieży . . . 35

Walka duchowa: najszybsza droga do zjednoczenia z Bogiem

„Obleczcie pełną zbroję Bożą, byście mogli się ostać wobec podstępnych zakusów diabła. Nie toczymy bowiem walki przeciw krwi i ciału, lecz przeciw Zwierzchnościom, przeciw Władzom, przeciw rządcom świata tych ciemności, przeciw pierwiastkom duchowym zła na wyżynach niebieskich" (Ef 6, 11-12).

Napomnienie św. Pawła w Liście do Efezjan dobrze nadaje ton: od początku jesteśmy uprzedzeni i ostrzeżeni. Życie chrześcijańskie, w którym modlitwa jest najistotniejsza, wprowadza nas na pole bitwy i wzywa do podjęcia prawdziwej walki. Przeciwnik, diabeł, jest nazwany po imieniu i odkryty. Dowiadujemy się, że jest on aniołem podstępnym, potężnym i niewidocznym. Jesteśmy trochę w sytuacji Dawida walczącego z Goliatem. Jednak w tej walce nie jesteśmy sami, sam Bóg przyobleka nas w zbroję jego miłości i dostajemy od Niego broń, aby mu się oprzeć i odnieść zwycięstwo.

Jedną z pierwszych rzeczy, której powinniśmy być świadomi, jest to, że walka ta jest najpierw i przede wszystkim walką z nami samymi, z namiętnościami, które w nas działają, ranami, które nas okaleczyły, negatywnymi skutkami i skłonnościami, które mogły w nas zrodzić, smutkiem, wątpliwościami, gniewem, zazdrością, buntem, gwałtownością, rozpaczą itd. Są to właśnie rejony, w których będzie toczyła się walka. Każdy z nas jest niepowtarzalny, ale dla wszystkich schemat jest zawsze ten sam. To schemat, prowadzący nas w Chrystusie do głębokiego pojednania z nami samymi, a w końcu do pokoju, który przewyższa wszelki umysł i który możemy otrzymać tylko od Boga. Jednak będzie on dany głęboko i na trwałe dopiero po długiej i często trudnej walce.

Dlaczego tak się dzieje? Dlaczego modlitwa stanowi aż taką stawkę, że możemy czasem nawet być wezwani do opierania się aż do krwi?

1. Modlitwa, miejsce jednoczenia się z Bogiem, jest absolutnie podstawowa!

Wiemy, że modlitwa jest środkiem *par excellence* do zjednoczenia z Bogiem, co jest powołaniem każdej duszy ludzkiej stworzonej dla odwiecznej miłości do jej Stwórcy i Boga. Bóg bowiem stworzył człowieka, aby napełnić go swymi dobrodziejstwami i pozwolić żyć w doskonałej komunii z Nim. Stawka jest więc niezbędna do życia. Zależy od niej nasze szczęście. Wiemy to dobrze w głębi nas samych, ponieważ to pragnienie pełni i pragnienie prawdziwej miłości jest wyryte w każdym z nas jak pieczęć Stwórcy. Czy jesteśmy wierzący, czy też nie, nieustannie daje się ono nam odczuć. Modlitwa jest miejscem, w którym można przeżywać to zjednoczenie i strumienie Bożej miłości mogą wylewać się na nas.

Czy jest to takie proste? Niestety nie, bo przeszkody są liczne. Najłatwiejsze do zidentyfikowania są przeszkody zewnętrzne, a najbardziej wyrafinowane – wewnętrzne.

2. Szatan usiłuje przeciwstawić się modlitwie ze wszystkich swych sił

Bardzo dobrze to wyraził św. Piotr przez realistyczny obraz: *„Bądźcie trzeźwi! Czuwajcie! Przeciwnik wasz, diabeł, jak lew ryczący krąży szukając kogo pożreć"* (*1 P 5, 8*).

Przede wszystkim szatan będzie często nam podpowiadał, że lepiej jest działać niż się modlić, że ważniejsze są konkretne rzeczy i rezultaty albo natychmiastowa skuteczność. Na przykład możemy nagle stać się bardzo głodni lub spragnieni, możemy odczuć silną potrzebę snu, mieć do przeprowadzenia pilną rozmowę lub e-mail do wysłania. Możemy nawet być kuszeni, by odwiedzić w tej właśnie, a nie innej chwili cierpiącego brata. Tu właśnie łatwo rozpoznajemy łapę szatana, ten rodzaj myśli przychodzi właśnie w chwili, gdy idziemy do kaplicy. Zwłoka, zmiana kierunku – wszystko jest dobre, aby sprawić, że tracimy z oczu absolutną konieczność modlitwy.

Gdy już odkryjemy i pokonamy te pierwsze przeszkody,

szatan zmieni swoją broń i będzie atakował bardziej podstępnie – teraz od wewnątrz.

Gdy klęczymy w skupieniu, będzie on nam kazał na przykład szeptać piękne formuły, ale bez serca. Lubi on także podsuwać nam genialny plan, doskonałe menu na następny dzień, niezbędne zakupy albo idealny sposób na załatwienie bieżącego problemu. Czasem nawet uważamy te myśli za Boże natchnienie, nie zdając sobie sprawy z tego, że po prostu przeszkodziły one w dialogu z Bogiem.

Zły może również podpowiadać naszemu sumieniu, że nasza modlitwa jest do niczego i niczemu nie służy, zaprzątać nam głowę bolesnymi wspomnieniami o już odpuszczonych grzechach, które psują nasz dialog z Bogiem, zamykając nas w diabolicznym poczuciu winy, które radykalnie odcina nas od Jego miłości.

Inny klasyczny przykład to rozmowy w wyobraźni i oto jesteśmy zanurzeni w niekończących się dyskusjach z tą czy inną osobą, która wywołuje w nas gniew, która zadaje nam niesprawiedliwe cierpienie, a nawet z osobami, które kochamy i z którymi wchodzimy w nierzeczywistą sytuację. Tyle pasożytujących myśli, które jeszcze raz każą nam odwrócić się od chwili obecnej, tej właśnie chwili, w której Bóg jest i nam się daje.

Zły celuje w podsuwaniu nam myśli nieczystych, jesteśmy wtedy kuszeni, żeby się na nich zatrzymać i rozkoszować się nimi. Lubi on także zakładać nam na nos powiększające okulary, które zniekształcają sytuacje i wyłączają nas z rzeczywistości; wszystko staje się wtedy dramatyczne, tracimy pokój, a wraz z nim – Bożą obecność. Wstrząsając nami, Zły każe wyprzedzać w wyobraźni trudności, cierpienie i wręcz wielkie nieszczęście, wydarzenia, które nigdy nie będą miały miejsca, ale które będą niepokoić naszego ducha, nakładać na nas niepotrzebne cierpienia i lęki. Wszystko to również będzie nas oddalać od Boga.

Używając naszej zranionej psychiki, szatan może obsesyjnie zmuszać nasz umysł do zatrzymywania się na myślach wywołujących niechciane obrazy i wyda się nam, że nie możemy ich przepędzić ani nad nimi zapanować. Bóg może na to pozwolić w nocy ducha. Trzeba wówczas cierpliwie czekać na godzinę wyzwolenia, godzinę, którą Bóg sam określa dla naszego dobra. W takich chwilach dusza nie wie, że Bóg jest z nią, że jest bardziej obecny niż kiedykolwiek.

Życie św. Katarzyny ze Sieny dostarcza nam pięknego przykładu. Zamknięta przez rodzinę w lochu musiała odpierać straszne ataki ze strony szatana. W czasie trzech dni i trzech nocy narzucał on jej wizje nieczystych scen, których nie dawała rady odpędzić pomimo mężnych wysiłków. Na próżno wzywała ona Bożej pomocy.

Miała poczucie nieobecności Boga, które przyprawiało ją o wielkie cierpienie. Po wyjściu z tej próby spytała Jezusa, gdzie był podczas tych trzech dni. „Byłem w twoim sercu" – odpowiedział jej. Wtedy Jezus pozwolił jej zrozumieć, że mogła uniknąć grzechu upodobania w tych nieczystych wizjach, mogła odnieść zwycięstwo nad szatanem właśnie dzięki Jego obecności w niej, nawet bardzo ukrytej.

Szatan używa także fałszywych świateł: przebrany za anioła światłości będzie podsuwał nam myśli, słowa, czyny lub wizje, które będą wywyższać nasze ego, schlebiać mu i zręcznie nadymać nas pychą. Ten punkt jest bardzo istotny w rozpoznawaniu działania szatana. Prawdziwe wizje i prawdziwe objawienia nie dostarczają tego rodzaju chwilowych przyjemności, przeciwnie – rodzą bojaźń. W Piśmie Świętym wyrazili to dobrze wszyscy prorocy.

Inną stroną tej pokusy jest natomiast pogrążenie nas w strapieniu i zamknięcie w fałszywym i złym obrazie nas samych: jesteśmy nic nie warci, nigdy do niczego nie dojdziemy, jak Bóg mógłby nas kochać, po co się modlić… Zaczyna się to od zniechęcenia i może doprowadzić do rozpaczy. Jest to przekonujący znak, że Zły pełni swoje dzieło.

Podczas modlitwy szatan może również próbować dostać się do naszego wnętrza przez nasze rany, dawne lub teraźniejsze, wpuszczać tam truciznę, którą sam jest napełniony i przyprawiać nas o smutek, gorycz, rozpacz, bunt, powątpiewanie w miłość Bożą, zazdrość itd. Tutaj także poznajemy drzewo po jego owocach. Dobry Duch będzie nakłaniał nas do ofiarowania naszych ran.

Oczywiście liczba szatańskich podstępów jest nieograniczona i doskonale dostosowana do naszej osobowości, do naszego stanu ducha i do rodzaju naszej aktywności.

# 3. Broń, która pozwoli odnieść zwycięstwo

„*Stańcie więc [do walki] przepasawszy biodra wasze prawdą i oblókłszy pancerz, którym jest sprawiedliwość, a obuwszy nogi w gotowość [głoszenia] dobrej nowiny o pokoju. W każdym położeniu bierzcie wiarę jako tarczę, dzięki której zdołacie zgasić wszystkie rozżarzone pociski Złego. Weźcie też hełm zbawienia i miecz Ducha, to jest słowo Boże*" *(Ef 6, 14-17)*.

W dziedzinie walki duchowej na modlitwie naszym doskonałym wzorem, z którym powinniśmy się utożsamiać, jest oczywiście sam Chrystus. Był On bowiem doświadczany we wszystkim tak jak my, z wyjątkiem grzechu. List do Hebrajczyków daje nam to zapewnienie:

„*W czym bowiem sam cierpiał będąc doświadczany, w tym może przyjść z pomocą tym, którzy są poddani próbom*" *(Hbr 2, 18)*.

PODCZAS KUSZENIA NA PUSTYNI diabeł we własnej osobie będzie próbował wszystkiego, by odwieść Jezusa od Jego misji. Jezus jest głodny i właśnie w tej dziedzinie odbywa się pierwsze kuszenie. Szatan wykorzystuje tu wszystkie potrzeby naszej ludzkiej natury, takie jak głód i inne potrzeby cielesne.

Nakłania Jezusa do szukania i upodobania w magicznej władzy, co byłoby odchyleniem od zbawczej misji, dla której został posłany. Skłania nas to na przykład do tego, byśmy preferowali magię szatana, nawet jeśli nie nazywamy tego po imieniu, kiedy Bóg wydaje się nie odpowiadać na nasze modlitwy.

DRUGIE KUSZENIE dotyczy wszechmocy: *"Jeżeli jesteś Synem Bożym, rzuć się w dół"* *([z narożnika świątyni], por. Mt 4, 6; Łk 4, 9)*. Jezus nie chciał być pogrążony w złudnym wywyższaniu swojego ja. Przypomina, że *"Każdy bowiem, kto się wywyższa, będzie poniżony, a kto się poniża, będzie wywyższony" (Łk 14, 11)*. Zachęca nas też, abyśmy podczas modlitwy nie wpadali w pułapkę myśli, które schlebiają naszej pysze.

Ostatecznym celem szatana jest zajęcie miejsca Boga, aby odbierać cześć. O tym poucza nas OSTATNIE KUSZENIE JEZUSA. Do tego właśnie jesteśmy wezwani, aby opierać się, czasem w sposób zręczny, kiedy na przykład otrzymanie jakiejś odpowiedzialności, władzy, daru czy charyzmatu staje się celem samym w sobie i jest odłączone od służby Bogu i bliźniemu. Prośba Szymona Maga z Dziejów Apostolskich jest tego doskonałym przykładem. Nawet prośba o dobro duchowe, takie jak wylanie Ducha Świętego dla osobistego zadowolenia, odwraca nas od woli Bożej i sprawia, że poddajemy się przeciwnikowi.

KONANIE W OGRÓJCU uczy nas przede wszystkim, że powinniśmy czuwać i modlić się, aby nie ulec pokusie. Pokazuje to, jak bardzo w głębokiej modlitwie możemy czerpać siłę, aby oprzeć się podstępom diabła. Ukazuje też, że to sam Bóg przychodzi nam wtedy z pomocą. Ten tak ważny moment życia Jezusa pozwala nam oprzeć się na Nim, aby wraz z Nim, na modlitwie, przejść przez lęki i najbardziej miażdżące próby. Możemy wtedy nadal ufać Ojcu i trwać na modlitwie, kiedy szatan chce nam udowodnić, że wszystko jest stracone.

OSTATNIE KUSZENIE JEZUSA NA GOLGOCIE uczy nas, że przeciwnik chce, żebyśmy zwątpili w miłość Bożą, w istnienie Boga i Nieba. Chce nas w ten sposób zamknąć w bezgranicznej rozpaczy i uczynić nonsensem nasze życie chrześcijańskie. Zły stara się w ten sposób przeszkodzić nam w oddaniu naszego życia aż do końca, sugerując nam, że nie ma to żadnego sensu i niczemu nie służy: *„Jeśli jesteś Synem Bożym, zejdź z krzyża"* *(por. Mt 27, 40).*

Jezus daje nam klucz do zwycięstwa, jakim jest całkowite powierzenie się w ręce Ojca.

SŁOWO BOŻE, przytaczane przez Jezusa w czasie kuszenia na pustyni, JEST JEDNĄ Z NAJWAŻNIEJSZYCH BRONI W TEJ WALCE. Odpowiadanie na kuszenie, opierając się na nim, jest przeogromną siłą. Nazywa się to metodą odpierania argumentów. Polega ona na dosłownym cytowaniu fragmentu Pisma Świętego w odpowiedzi na kuszenie, któremu jesteśmy poddawani. Jest to metoda stosowana przez samego Jezusa, który pozostaje w tej dziedzinie naszym najdoskonalszym wzorem. Szatan nienawidzi tego ponad wszystko, ponieważ słowo Boże jest prawdą i światłem. Światło to poraża go i każe mu uciekać. Słowo Boże przywraca nas Bogu, utwierdza w Nim i wprowadza w prawdę. Jest ono mieczem obosiecznym, o którym mówi św. Paweł, pozwalającym rozeznawać intencje serca.

IMIĘ JEZUSA jest potężną bronią, pomagającą nam odnieść zwycięstwo. Szatan nie znosi, kiedy wzywamy imienia Jezusa, ponieważ przywraca nam ono Jezusa, Boga, który zbawia, uobecnia Go i wtedy to sam Jezus walczy razem z nami. Jednakże skutek nie jest magiczny, gdyż musimy realnie przylgnąć do Zbawiciela całą naszą istotą, a nie tylko wypowiadać Jego imię ustami – od niechcenia. W wielu klasztorach, tak katolickich, jak i prawosławnych, recytuje się przez cały dzień MODLITWĘ JEZUSOWĄ: „Panie Jezu Chryste, Synu Boga żywego, zmiłuj się nade mną grzesznikiem". Modlitwa ta oddala wroga i jest dla wielu osób drogą duchowego wzrostu, uzdrowienia wewnętrznego i świętości.

Bardzo skuteczny jest także ZNAK KRZYŻA. Przypomnienie Złemu miejsca, na którym został ostatecznie pokonany, odsyła go do porażki i w końcu sprawia, że jest całkowicie bezsilny. Znak krzyża włącza nas w obieg miłości Trójcy Przenajświętszej i przywraca komunię z Bogiem. Tutaj także nie chodzi o jakiś akt magiczny, ale o odruch serca.

MODLITWA W JĘZYKACH może też być niezwykle skuteczną bronią. Kiedy Duch Święty modli się w nas w niewysłowionych westchnieniach, to znaczy kiedy modlimy się w językach, nie ma już w nas miejsca dla szatana. Wszystko w nas zajęte jest przez Boga i nie koncentrujemy się już na sobie, nie ma już żadnej myśli, a więc żadnej pokusy – jest to *par excellence* modlitwa bezinteresowna. Zły nie ma nad nami żadnego panowania.

Istotną broń przeciwko szatanowi stanowi POST. Ten bowiem, kto pości, uwalnia w sobie większą przestrzeń dla Ducha Świętego i chroni w ten sposób swoją modlitwę przed ingerencją wroga. Dlatego Zły robi wszystko, żeby odwrócić nas od postu i zbyt dobrze to mu się udaje. Przed rozpoczęciem swojej misji Jezus pościł przez czterdzieści dni i czterdzieści nocy. Przypominał kilkakrotnie, że w walce ze złymi duchami post jest niezbędny do tego, by odnieść zwycięstwo. Post rozjaśnia i oczyszcza myśli podczas modlitwy.

WIARA, jako cnota teologalna, otacza nas takim światłem, że szatan nie może nas dosięgnąć. To światło wiary jest prawdziwą tarczą, jak przypomina nam św. Paweł w Liście do Efezjan: *„W każdym położeniu bierzcie wiarę jako tarczę, dzięki której zdołacie zgasić wszystkie rozżarzone pociski Złego" (Ef 6, 16)*.

W głębi swej nocy ducha dzielna mała Tereska, wtedy gdy szatan podpowiadał jej, że niebo nie istnieje i że będzie w coraz większych ciemnościach, mówiła: „Wierzę w to, w co chcę wierzyć".

RÓŻANIEC jest uważany przez wielu za bardzo potężną broń przeciwko wrogowi. Ta kontemplacja Chrystusa w różnych momentach Jego życia odwraca nas od nas samych, aby skierować naszą duszę ku Panu. Szatan nie ma już przestrzeni, aby pełnić swe podłe dzieła, traci pole manewru, którego potrzebuje, aby nam zaszkodzić, ponieważ dusza zajęta jest Chrystusem – Tym, który właśnie zwyciężył go na zawsze. Otóż stajemy się tym, co kontemplujemy! W Medjugoriu Maryja zwierzyła się widzącym: „Gdy przebywałam na ziemi, nieustannie odmawiałam różaniec". Na pytanie, jak to czyniła, odpowiedziała: „Moje oczy były cały czas utkwione w życiu

Jezusa". Była to medytacja, która z pewnością pozwalała Jej wzrastać wewnętrznie i odnosić zwycięstwa jedno po drugim[*].

Ojciec Pio bez przerwy modlił się na różańcu. Pewnego wieczoru, zwracając się do współbrata, który pomagał mu położyć się do łóżka, poprosił: „Bracie, zanim odejdziesz, daj mi broń, która jest schowana w moim habicie. Młody brat, zdumiony, obejrzał kieszenie habitu, szukając broni. Ojciec Pio nalegał: „Poszukaj dobrze, ona tam jest". Aby nie posprzeczać się z nim, brat na nowo włożył rękę do kieszeni habitu i powiedział: „Ojcze, nie znajduję tu żadnej broni, jest tylko różaniec". Przyszły święty odpowiedział: „A czyż to nie jest broń?".

JEDEN ANIOŁ STRÓŻ jest potężniejszy od szatana i całego piekła, bo jest on w Bogu, a Bóg w nim. Oto dlaczego Kościół często odwołuje się do aniołów i archaniołów w walce duchowej. Odgrywają one ważną rolę w arsenale egzorcystów. Nie zapominajmy o modlitwie Leona XIII, zwanej *Małym egzorcyzmem*, która zaczyna się od długiej inwokacji do św. Michała Archanioła. Św. Siostra Faustyna świadczy: „Kiedy usłłam parę kroków, zastąpiło mi drogę całe mnóstwo szatanów, którzy mi grozili strasznymi mękami, i dały się słyszeć głosy: Odebrała nam wszystko, cośmy przez tyle lat pracowali. Kiedy się ich zapytałam: Skąd was takie mnóstwo? – Odpowiedziały mi te złośliwe postacie: Z serc ludzkich, nie męcz nas. Widząc ich straszną nienawiść do mnie, wtem prosiłam Anioła Stróża o pomoc i w jednej chwili stanęła jasna i promienna postać Anioła Stróża, który mi rzekł: Nie lękaj się, oblubienico Pana mojego, duchy te nie uczynią ci nic złego bez pozwolenia Jego.

---

[*] Zob. też inne orędzia Maryi z Medjugoria w Aneksie 1.

Natychmiast znikły złe duchy, a wierny Anioł Stróż towarzyszył mi w sposób widzialny do samego domu. Spojrzenie jego skromne i spokojne, a z czoła tryskał promień ognia" *(Dzienniczek, 418–419)***.

SZATAN NIENAWIDZI ŚWIĘTYCH! Przypominają mu oni bowiem liczne porażki, które poniósł za ich sprawą, aby mogli dojść do świętości. Wzywanie ich imion jest bardzo skuteczne i groźne dla niego. Pewni egzorcyści zwierzyli się nam, że proste wezwanie Miriam z Betlejem, Jana Pawła II i ojca Pio wystarczało, by demon uciekał. Wielu używa także z powodzeniem relikwii świętych, aby go zmylić.

NAJŚWIĘTSZA MARYJA PANNA jest bez wątpienia najlepszą egzorcystką, ponieważ otrzymała od samego Boga misję zmiażdżenia głowy wężowi. Jej proste imię rozwściecza Złego, a Jej obecność – jeszcze bardziej.

Marta Robin, która widywała Maryję każdego tygodnia, mówiła, że gdy szatan widział, jak przybywa, trzeba byłoby zobaczyć jego wielką ruinę. Wzywanie Jej w czasie modlitwy pozwala z pewnością otrzymać od Niej istotne wsparcie, bo wtedy Ona sama staje się obecna i przychodzi modlić się z nami. Znana modlitwa *Potężna niebios Królowo* pomoże nam w najcięższej walce; modlitwę tę sama Królowa podyktowała pewnemu kapłanowi***.

** Błogosławiona s. M. Faustyna Kowalska, *Dzienniczek. Miłosierdzie Boże w duszy mojej*, Wydawnictwo Księży Marianów, Warszawa 1999, s. 150.

*** Zob. Aneks 2.

Maryja Dziewica, ponieważ jest Matką, jest zawsze blisko nas, swoich umiłowanych dzieci i wciąż prowadzi nas drogą zbawienia, do zwycięstwa nad złem. Aby ochronić nas przed szatańskimi atakami, zachęca nas, byśmy schronili się pod Jej matczynym płaszczem, przytulając się do Jej Niepokalanego Serca. Płaszczem tym zaś jest sam Najwyższy, który Ją w niego przyoblókł w dniu Zwiastowania i szatan nigdy nie mógł przebić go swoimi zatrutymi strzałami. Maryja jest *„groźna jak zbrojne zastępy" (PnP 6, 4)*[****].

Aby prowadzić walkę duchową w czasie modlitwy, potrzebna jest POMOC DOBREGO OJCA DUCHOWEGO. Otwarcie serca, wyjawienie osaczających nas pokus, jest pewnym sposobem na odpędzenie wroga, nienawidzi on bowiem, jak go nazwiemy i odkryjemy jego działanie. Ojciec duchowy pomoże nam rozeznać, unikać pułapek i przekraczać trudności. Ważne jest, by w czasie walki nie pozostawać samemu.

SAKRAMENT POJEDNANIA pozwala oczyścić we Krwi Chrystusa pozostałości nieprzebaczenia, trucizny wylewanej przez demona na nasze rany, która zatruwa naszą modlitwę, czyniąc ją czasem niemożliwą. Pozwala on nam też wyjawić te chwile, w których jesteśmy współwinni pokusom osaczającym nas na modlitwie. Tak jest na przykład w przypadku, gdy mamy upodobanie w jakiejś myśli obcej modlitwie, zamiast spokojnie powrócić do modlitwy wewnętrznej.

ODNOWIENIE PRZYRZECZEŃ CHRZCIELNYCH jest jednym z najlepszych sposobów, dostępnych wszystkim, aby przepędzić

[****] Zob. Aneks 3.

Broń, która pozwoli odnieść zwycięstwo

wroga. Używając naszej wolności i woli, jasno opowiadamy się za Bogiem i przeciwko szatanowi. Możemy i powinniśmy regularnie wyrzekać się głośno złych duchów, które przychodzą, aby nas osaczyć. Można na przykład używać tego rodzaju sformułowań: „W imię Jezusa wyrzekam się ducha zwątpienia, ducha pychy, ducha rozpaczy, ducha nieczystości, ducha nienawiści i zemsty, ducha zazdrości, ducha gnuśności" itd.

Zbyt często pomijaną pomoc stanowią SAKRAMENTALIA. Spośród sakramentaliów wymieńmy egzorcyzmowane kadzidło, egzorcyzmowaną wodę święconą, poświęcone przedmioty, które nosimy na sobie, egzorcyzmowaną sól święconą, egzorcyzmowany olej święcony itd. Św. Teresa z Avila na przykład przepędzała szatana wodą święconą. Mamy także przykład Cudownego Medalika.

4. Bóg pozwala na tę walkę tylko na tyle, na ile może ona pomóc nam wzrastać i bardziej z Nim się jednoczyć

Cała ta broń jest konieczna, ale nigdy nie zapominajmy, że Bóg zawsze pozostaje Panem wszystkiego. Cały czas ma nad wszystkim kontrolę, nawet jeśli czasem wydaje się, że jesteśmy w sytuacji bez wyjścia. Jezus spotkał się z szatanem dlatego, że został wyprowadzony przez Ducha na pustynię. Walka ta wypróbowała Go i umocniła, aby mógł doprowadzić do końca swoją misję. Hiob był kuszony tylko za przyzwoleniem Bożym i owoce tego były wielkim błogosławieństwem. Tak samo było z wieloma świętymi: św. Antonim, św. Benedyktem, św. Katarzyną ze Sieny, małą Tereską, św. Ojcem Pio, bł. Martą Robin…

Jest to zwyczajna droga życia chrześcijanina. Jeśli przyjrzymy się owocom, zawsze zauważymy wzrost duchowy i głębsze zjednoczenie z Bogiem. Jest to jedyna droga do takiej bliskości z Bogiem, jaką chciał On nam odwiecznie ofiarować. Rozważana pod tym kątem walka duchowa na modlitwie staje się korzyścią, dobrem nie tylko potrzebnym, ale także niezbędnym. Dostarcza nam ona tego impulsu, który pozwala nam kochać Boga i bliźniego w prawdzie, będąc wolnymi od wszelkich wątpliwości i oczyszczonymi. Głos węża nie panuje nad nami i nie ma na nas wpływu. Stajemy się powoli ludźmi pokoju i pojednania, o jakich marzył Bóg stwarzając ludzkość. Święci są tego żywymi przykładami i wszyscy jesteśmy wezwani, by się do nich upodabniać. W ten właśnie sposób odnieśli oni zwycięstwo nad szatanem.

Walka ta musi być także dobrze prowadzona.

5. Owoce dobrze prowadzonej walki

Święci i ojcowie pustyni przekazują nam wiele świateł dotyczących walki duchowej na modlitwie. Mają w tej materii głębokie doświadczenie, jest zatem rzeczą bardzo korzystną czerpanie ze źródła tej wielowiekowej mądrości. (Barsanufiusz, Doroteusz z Gazy, św. Miriam z Betlejem, św. Benedykt, św. Antoni Pustelnik, św. Ojciec Pio, św. Katarzyna ze Sieny, św. Faustyna, św. Teresa z Lisieux, bł. Marta Robin, św. Teresa z Avili, św. Jan od Krzyża, św. Jan Paweł II...)

ŚW. MAKARY daje nam bardzo dobre streszczenie sensu walki duchowej na modlitwie i ducha, w którym należy ją prowadzić:

> Nie trzeba lekceważyć tego, co zostało napisane na temat Hioba, to znaczy, jak szatan upomniał się o niego. Sam z siebie bowiem nic nie mógł. Ale co mówi diabeł do Pana? *„Wyciągnij, proszę, rękę i dotknij jego majątku! Na pewno będzie Ci w twarz złorzeczył" (Hi 1, 11)*. Hiob, Bóg i diabeł wciąż są obecni. Gdy tylko ktoś otrzyma pomoc Bożą, gdy jest żarliwy i napełniony łaską, szatan upomina się o niego i mówi do Pana: „Ponieważ mu pomagasz i strzeżesz go,

służy Ci. Ale zostaw go, niech będzie w moich rękach, a zobaczymy, czy jeszcze będzie Ci błogosławił".

Po tym więc, jak dusza doznała pocieszenia, łaska usuwa się i dusza narażona jest na pokusy. Diabeł zbliża się do niej i miażdży ją wieloma nieszczęściami, zniechęceniem, rozpaczą, złymi myślami [...]. Wtrąca duszę w udrękę, aby uczynić ją gnuśną i odebrać jej nadzieję, którą pokładała w Bogu. Dusza roztropna nie rozpacza, gdy jest pogrążona w nieszczęściach i udrękach, ale mocno trzyma to, co posiada i jeżeli spadają na nią niezliczone próby, znosi je mówiąc: *„Choćby mnie zabił Wszechmocny – ufam" (Hi 13, 15a)*.

Gdy człowiek wytrwa do końca [...], diabeł nie będzie miał żadnej odpowiedzi [...]. Tak więc szatan okryty jest wstydem przez tych, którzy chcą wytrwać w udrękach i pokusach [...].

Szatan nigdy nie przerywa walki. Dopóki człowiek żyje na tym świecie, przyobleczony w ciało, musi wojować. Tak jest ze wszystkimi chrześcijanami: bez wątpienia wróg walczy z nimi, ale trwają oni przy Chrystusie, przyoblekli pokój z wysoka i nie troszczą się o wojnę.

Nawet jeśli pojawia się wojna, nawet jeśli z zewnątrz szatan puka do drzwi, mają oni wewnętrzne poczucie bezpieczeństwa dzięki mocy Pana [...]. Chrześcijanie, nawet jeśli są kuszeni z zewnątrz, są wewnętrznie napełnieni Bogiem i nie ponoszą żadnej szkody. Jeśli ktoś osiągnął ten poziom, doszedł do doskonałej miłości Chrystusa i do pełni zjednoczenia z Bogiem. Ten jednak, kto jeszcze nie osiągnął tego poziomu, musi jeszcze walczyć wewnętrznie. W pewnych chwilach odpoczywa na modlitwie, ale w innych – przeżywa udręki i wojnę. Pan chce, żeby tak było.

Ponieważ jest on jeszcze dzieckiem, ćwiczy go w walce. Dwie rzeczy wypełniają jego wnętrze: światło i ciemności, odpoczynek i udręki. Modli się w odpoczynku i chwilę potem popada w niepokój. Czy przyjdą walki, to nie zależy od ciebie, ale do ciebie należy nienawiść do zła.

Gdy Pan zobaczy, że twój intelekt walczy i że miłujesz Go całą duszą, natychmiast oddali śmierć od twojej duszy – nie jest to dla Niego trudne – i weźmie cię na swoje łono i do swej światłości. Wyrwie cię w jednej chwili z czeluści ciemności i przeniesie natychmiast do swojego królestwa. Bogu łatwo jest bowiem dokonać tego w jednej chwili, bylebyś tylko darzył Go miłością. Bóg nie potrzebuje bowiem aktywności człowieka, ponieważ jego dusza jest zdolna do zjednoczenia z Jego bóstwem*.

DOROTEUSZ Z GAZY proponuje ten wymowny obraz:

Ci, którzy pływają w morzu i znają sztukę pływania, nurkują, gdy nadchodzi fala, czekają, aż fala przejdzie górą. Potem bez trudu kontynuują pływanie. Jeśli chcą walczyć z falą, ta ich odpycha i odrzuca na znaczną odległość. Gdy znowu zaczynają pływać, zalewa ich nowa fala, jeśli nadal się jej opierają, są znowu odepchnięci i odrzuceni, męczą się tylko i nie posuwają się naprzód. Jeśli natomiast

---

* Św. Makary, egipski mnich żyjący w IV wieku i ojciec pustyni.

nurkują pod falę, pozostają w głębi, a fala przechodzi, nie wyrządzając im szkody, nadal będą pływać tyle, ile będą chcieli i wypełnią wszystko, co mają do zrobienia. Tak samo jest z pokusami. Znoszone z cierpliwością i pokorą – przechodzą, nie wyrządzając krzywdy. Jeżeli jednak trwamy w smutku, niepokoju, jeżeli oskarżamy wszystkich, dodajemy sobie cierpienia, czyniąc pokusę jeszcze bardziej miażdżącą, i wynika z tego, że pokusa jest dla nas niekorzystna, a nawet szkodliwa[**].

BARSANUFIUSZ ofiaruje nam taką krótką przypowieść:

Do brata, który mówił do niego: „Co powinienem robić, Ojcze, gdy pokusy zasmucają mnie i napierają na mnie?" – „Bracie, czas wojny jest czasem pracy. Nie odprężaj się, ale pracuj i walcz. Gdy walka staje się bardziej dojmująca, ty także uczyń siebie bardziej natrętnym i wołaj: »Panie Jezu Chryste, Ty widzisz moją niemoc i smutek; przyjdź mi z pomocą, wyrwij mnie z rąk tych, którzy nastają na mnie, bo chronię się u Ciebie!«. I módl się o to, byś był zdolny do służenia Bogu czystym sercem"[***].

św. SYLWAN przeszedł przez bardzo ciężkie pokusy, aż nawet wątpił w swoje zbawienie. Otrzymał od Pana Jezusa takie wyjaśnienie swoich cierpień: „Pyszni muszą zawsze tak cierpieć

[**] Doroteusz z Gazy, ojciec pustyni żyjący w VI wieku w Palestynie, w Antiochii, *Instructions*, §140.

[***] Barsanufiusz z Gazy, mnich żyjący w VI wieku, czczony jako święty w Kościele katolickim.

Owce dobrze prowadzonej walki

ze strony demonów". Jezus wskazał mu równocześnie sposób zwycięskiego wyjścia z tych ciężkich prób: „Trzymaj swoją duszę w piekle i nie popadaj w rozpacz!". Św. Sylwan mówi, że ta myśl była dla niego bardzo pożyteczna i konkluduje: „Mój duch się oczyścił, a moja dusza znalazła odpoczynek"[****].

św. MIRIAM Z BETLEJEM (siostra Maria od Jezusa Ukrzyżowanego, zwana też Małą Arabką), daje taką radę swym siostrom karmelitankom: „Starajcie się bardzo o zachowanie pokoju serca, ponieważ szatan łowi ryby we wzburzonych wodach. Moim pragnieniem jest, byście zachowały pokój wewnętrzny, wyzbądźcie się obaw i skrupułów, róbcie, co możecie, upokórzcie się za to, czego nie robicie, spalcie wszystkie próżne obawy, które nazywam szaleństwem, w ogniu miłości". „Jeśli każda owieczka potraktuje siebie jako ostatnią, będzie z nią Matka Boża. Idźcie za słowem Jezusa. Nigdy się nie zniechęcajcie. Szatan, wściekły, przyjdzie, aby was kusić. Nigdy go nie słuchajcie, zawsze słuchajcie Pasterza. Nigdy, przenigdy nie słuchajcie szatana, jest on zazdrosny. Kiedy przyjdzie, upokórzcie się. Jeśli Jezus pozwoli, by was kusił, to będzie to służyło waszemu wzrostowi".

Św. Faustyna dobrze zilustrowała słowo św. Pawła: „Jeszcze się nie opieraliście grzechowi aż do krwi". Pisze w swoim *Dzienniczku*:

> W czasie godziny świętej udzielił mi Pan skosztować swej męki; podzieliłam gorzkość męki, którą była przepełniona dusza Jego. Jezus dał mi poznać, jak dusza powinna być wierną modlitwie, pomimo udręczeń i oschłości, i pokus,

---

[****] Św. Sylwan, mnich z góry Atos, zmarł w 1938 roku.

bo od takiej przeważnie modlitwy zależy urzeczywistnienie nieraz wielkich zamiarów Bożych; a jeżeli nie wytrwamy w takiej modlitwie, krzyżujemy to, co Bóg chciał przez nas dokonać albo w nas. Niech słowa te wszelka dusza zapamięta: A będąc w ciężkości, dłużej się modlił*****. Ja taką modlitwę zawsze przedłużam o tyle, o ile jest w mej mocy i zgodnie z obowiązkiem *(Dzienniczek, 872)*.

Pomimo ciszy duszy prowadzę nieustanny bój z wrogiem duszy. Coraz to odkrywam nowe jego zasadzki i znowuż walka wre. Ćwiczę się w czasie pokoju i czuwam, aby mnie wróg nie zastał nieprzygotowaną; a kiedy widzę wielką jego złość, wtenczas pozostaję w twierdzy, to jest w Najświętszym Sercu Jezusowym *(Dzienniczek, 1287)*.

[…] modląc się za grzeszników i ofiarując wszystkie cierpienia [doznałam ataków szatańskich]. Zły duch znieść tego nie mógł. – Widziadło mówiło mi: Nie módl się za grzeszników, ale za siebie, bo będziesz potępiona. Nie zważając wcale na szatana, modliłam się z podwójną gorliwością za grzeszników. – Zły duch zawył z wściekłości: O, gdybym miał moc nad tobą – i zniknął. Poznałam, że cierpienie i modlitwa moja krępowały szatana i wiele dusz wyrwałam z jego szponów *(Dzienniczek, 1464–1465)*.

[Jezus:] […] Kiedy dusza wysławia moją dobroć, wtenczas szatan drży przed nią i ucieka na samo dno piekła *(Dzienniczek, 378)*.

***** Zob. Łk 22, 44.

ŚW. OJCIEC PIO wyjaśnia również, że diabeł nie może nam zaszkodzić duchowo, chyba że pozwolimy mu wejść: „Diabeł jest jak wściekły pies na łańcuchu. Poza długością łańcucha nie może nikogo schwycić. Wy więc zachowajcie odpowiednią odległość. Jeśli będziecie za blisko, zostaniecie pochwyceni. Pamiętajcie, że diabeł może wejść do waszej duszy tylko przez jedne drzwi – jest nimi wola. Nie ma ukrytych drzwi. Każdy grzech jest prawdziwym grzechem tylko wtedy, gdy dobrowolnie się na niego zgadzamy" *(Roads to Padre Pio)*.

„Wśród wszelakiej modlitwy i błagania, przy każdej sposobności módlcie się w Duchu! Nad tym właśnie czuwajcie z całą usilnością" (Ef 6,18).

Nieustannie się módlcie – to właśnie do tego jesteśmy wezwani i temu diabeł sprzeciwia się ze wszystkich sił. To życie w zjednoczeniu, w zawierzeniu i zaufaniu może być tylko wynikiem wytrwałej walki, która nas prowadzi do kroczenia od zwycięstwa do zwycięstwa, mając wzrok utkwiony w niewysychającym źródle Miłości.

ANEKS 1: Kilka orędzi Maryi na temat różańca

Gdy widząca, Marija Pavlovic, spytała Matkę Bożą: „Jakie jest Twoje przesłanie dla kapłanów?", Maryja odpowiedziała: „Wzywam was, byście wszystkich zachęcali do odmawiania różańca. Różańcem pokonacie wszelkie zło, jakim szatan ma teraz zamiar prześladować Kościół katolicki. Wszyscy księża odmawiajcie różaniec! Poświęćcie czas na modlitwę różańcową" *(25 czerwca, 1985 r.).*

„Drogie dzieci! Dziś wzywam was, byście ze szczególną modlitwą wystąpili przeciw szatanowi. Szatan chce silniej oddziaływać teraz, kiedy wie, że oddziałuje. Drogie dzieci, obleczcie się w zbroję i z różańcem w ręku zwyciężycie go. Dziękuję, że odpowiedzieliście na moje wezwanie" *(8 sierpnia, 1985 r.).*

„[…] Módlcie się i niech różaniec będzie zawsze w waszych rękach jako znak dla szatana, że do Mnie należycie" *(25 lutego, 1988 r.).*

„Drodzy młodzi, szatan jest silny i będzie robił wszystko, by wam przeszkodzić we wszystkich waszych inicjatywach. Módlcie się więcej, bo tak bardzo tego potrzebujecie w tym ostatnim czasie. Najskuteczniejszą bronią przeciw szatanowi jest różaniec" *(1 sierpnia 1990 r.)*.

„[…] Bóg posłał Mnie między was, abym wam pomogła. Jeśli chcecie, przyjmijcie różaniec. Już sam różaniec może dokonać cudów na świecie i w waszym życiu" *(25 stycznia 1991 r.)*.

„Gdy czujecie się zmęczeni albo chorzy i gdy nie widzicie sensu waszego życia, weźcie różaniec i módlcie się. Módlcie się dotąd, aż modlitwa stanie się radosnym spotkaniem ze Zbawicielem" *(25 kwietnia 2001 r.)*.

„[…] Módlcie się, abyście w tym czasie ciemności i beznadziei mogli być apostołami Bożego światła. To jest czas waszego kuszenia. Z różańcem w ręku i z miłością w sercu kroczcie ze mną. Ja prowadzę was ku zmartwychwstaniu w moim Synu" *(2 marca 2012)*.

„Najpiękniejszy jest widok klęczącego człowieka, z różańcem w ręku, ponieważ paciorki różańca są bronią potężniejszą od bomby atomowej" *(do grupy modlitewnej Jeleny Vasilj, 1984 r.)*.

ANEKS 2: Potężna modlitwa

13 stycznia 1864 roku bł. Ojciec Louis-Edouard Cestac *(1801-1868)*, założyciel Zgromadzenia Służebnic Maryi, został nagle uderzony jakby promieniem Bożej światłości. Zobaczył demony panujące na ziemi i wyrządzające straszliwe szkody. W tej samej chwili miał wizję Matki Najświętszej. Ta dobra Matka powiedziała do niego, że rzeczywiście demony szaleją na świecie, ale że nastała godzina modlitwy do Niej jako do Królowej aniołów i prośby o to, by wysłała niebieskie zastępy, aby zwalczyć i pokonać moce piekielne. Otrzymał od Matki Bożej modlitwę: „Potężna niebios Królowo i Pani Aniołów...", która została związana z odpustem przez św. Piusa X, 8 lipca 1908 roku. Ojciec Cestac został wyniesiony na ołtarze 15 maja 2015 w Bayonne przez kard. Amato. Jego święto obchodzi się 27 marca.

Potężna niebios Królowo i Pani Aniołów,
Ty, która otrzymałaś od Boga posłannictwo i władzę,
by zetrzeć głowę szatana,
prosimy Cię pokornie: rozkaż hufcom anielskim,
aby ścigały szatanów, stłumiły ich zuchwałość,

a zwalczając ich wszędzie, strąciły do piekła.
Któż jak Bóg! Święci Aniołowie i Archaniołowie – brońcie nas i strzeżcie nas!
O czuła Matko, Ty jesteś i Ty pozostaniesz na zawsze całą naszą miłością i nadzieją.
Amen.

ANEKS 3: Maryja przychodzi nam z pomocą

„[...] Jestem z wami i pragnę was przyjąć do swego serca i bronić, ale wy jeszcze nie zdecydowaliście się. Dlatego, drogie dzieci, żądam od was modlitwy, abyście pozwolili mi pomóc wam przez modlitwę." *(25 stycznia 1992 r.)*.

„Drogie dzieci! W tych dniach szatan w szczególny sposób uzewnętrznia się w tej parafii. Módlcie się, drogie dzieci, by spełniły się Boże plany i by każdy czyn szatana zakończył się chwałą Bożą. Ja pozostałam tak długo, by wspomóc was w pokusach. Dziękuję, że odpowiedzieliście na moje wezwanie" *(7 lutego 1985 r.)*.

„Dziatki nie ma pokoju tam, gdzie nie ma modlitwy i nie ma miłości tam, gdzie nie ma wiary. Dlatego wzywam was wszystkich, dziatki, abyście się dzisiaj ponownie zdecydowali na nawrócenie. Jestem blisko was, zapraszam was wszystkich, dziatki, w moje objęcia, aby wam pomóc, lecz wy tego nie pragniecie i dlatego szatan wodzi was na pokuszenie: nawet w najmniejszych sprawach wasza wiara zanika. Dlatego, dziatki módlcie się, bo poprzez modlitwę uzyskacie błogosławieństwo i pokój" *(25 marca 1995 r.).*

„Jestem blisko was i modlę się za każdego, ale proszę was: módlcie się, módlcie się, módlcie się, bowiem tylko modlitwą możemy zwyciężyć zło i uchronić to wszystko, co szatan chce zniszczyć w waszym życiu. Jestem waszą Matką, wszystkich was kocham jednakowo i wstawiam się za wami przed Bogiem" *(25 lutego 1994).*

„[…] Dziatki, zrozumcie, że jest to czas łaski dla każdego z was, a ze Mną, dziatki, jesteście bezpieczni. Pragnę wprowadzić was na drogę świętości. Żyjcie moimi orędziami i wprowadźcie w życie każde słowo, które wam daję. Niech staną się dla was drogocenne, gdyż pochodzą z nieba" *(25 czerwca 2002).*

„Drogie dzieci! Również dziś wzywam was, abyście swoje powołanie przeżyli w modlitwie. Teraz, jak nigdy dotąd, szatan chce zagłuszyć człowieka i jego duszę zaraźliwym wiatrem nienawiści i niepokoju. W wielu sercach nie ma radości, bo nie ma Boga ani modlitwy. Nienawiść i wojna rosną z dnia na dzień. Dziatki, wzywam was, abyście z zachwytem zaczęli od nowa drogę świętości i miłości, bowiem z tego powodu przyszłam do was. Razem bądźmy miłością i przebaczeniem…" *(25 stycznia 2015).*

„Dziatki, pragnę, by każdy z was rozmiłował się w życiu wiecznym, które jest waszą przyszłością i aby wszystkie ziemskie sprawy pomogły się wam zbliżyć do Boga Stworzyciela. Jestem z wami tak długo, bo jesteście na złej drodze. Dziatki, jedynie z moją pomocą otworzycie oczy. Wielu jest ludzi, którzy żyjąc moimi orędziami, pojmują, że są na drodze świętości ku wieczności" *(25 stycznia 2009).*

„[...] Dziatki, nie zapominajcie, że szatan jest silny i chce was odwieść od modlitwy. Nie zapominajcie, że modlitwa jest tajemnym kluczem spotkania z Bogiem. Dlatego jestem z wami, by was prowadzić. Nie rezygnujcie z modlitwy" *(25 sierpnia 2017).*

ANEKS 4: Światła od papieży

PAPIEŻ BENEDYKT XVI MÓWI:

Wielki Post jest czasem sprzyjającym odkrywaniu wiary, jako kryterium, będącym podstawą naszego życia i życia Kościoła. Zakłada to zawsze walkę, duchowe zmaganie, ponieważ zły duch ze swej natury sprzeciwia się naszemu uświęceniu i stara się odwieść nas od drogi Bożej. Dlatego w pierwszą niedzielę Wielkiego Postu, co roku, głoszona jest Ewangelia o kuszeniu Jezusa na pustyni.

Jezus, otrzymawszy „inwestyturę" jako Mesjasz – „Namaszczony" Duchem Świętym – podczas chrztu w Jordanie, przez tego samego Ducha został zaprowadzony na pustynię, aby być kuszonym przez diabła. W chwili rozpoczęcia działalności publicznej, Jezus musiał zdemaskować i odrzucić fałszywe wyobrażenia o Mesjaszu, jakie proponował kusiciel. Lecz te pokusy są także nieprawdziwymi wyobrażeniami o człowieku, które w każdej epoce osaczają sumienie, przychodząc z propozycjami pozornie odpowiednimi, skutecznymi wręcz dobrymi. Ewangeliści, Mateusz i Łukasz, przedstawiając trzy kuszenia Jezusa, różnią się tylko kolejnością. Ich rdzeniem centralnym jest zawsze wykorzystywanie Boga do własnych celów, nadając wielkie znaczenie sukcesowi i dobrom materialnym.

Kusiciel jest podstępny: nie popycha wprost w kierunku złego, ale w kierunku fałszywego dobra, przekonując, że prawdziwie realna jest władza i to, co zaspokaja pierwotne potrzeby. W ten sposób Bóg schodzi na drugi plan, sprowadzony zostaje do bycia środkiem, ostatecznie staje się nierealny, nie jest już ważny, znika.

Ostatecznie, w kuszeniu idzie o wiarę, o Boga. W decydujących chwilach życia – ale jeśli dobrze patrzymy, to w każdej chwili życia – stoimy przed skrzyżowaniem: czy chcemy iść za własnym „ja", czy za Bogiem? Za własną korzyścią czy też za prawdziwym Dobrem, za tym, co RZECZYWIŚCIE jest dobre?

Jak uczą nas ojcowie Kościoła, pokusy są częścią „zstąpienia" Jezusa w naszej ludzkiej kondycji, w otchłań grzechu oraz jego konsekwencją. „Zstąpienie", którego dokonał Jezus aż do końca, aż do śmierci na krzyżu i piekła krańcowego oddzielenia od Boga, stając się w ten sposób jakby ręką Boga wyciągniętą do człowieka, do zagubionej owcy, aby przyprowadzić ją do zbawienia. Jak uczy św. Augustyn, JEZUS WZIĄŁ NA SIEBIE NASZE POKUSY, ABY DAĆ NAM SWOJE ZWYCIĘSTWO. Nie bójmy się więc i my stanąć do walki z duchem zła, ważne jest, że czynimy to z Nim, Chrystusem – Zwycięzcą. I aby być z Nim, zwróćmy się do Matki, do Maryi: wzywajmy Ją z synowską ufnością w godzinie próby, a Ona pozwoli nam odczuć pełną mocy obecność swojego Boskiego Syna, aby odrzucić pokusy przy pomocy Słowa Chrystusa, a w ten sposób przywrócić Bogu centralne miejsce w naszym życiu" *(Anioł Pański, 17 lutego 2013 r.).*

PAPIEŻ FRANCISZEK MÓWI:

Życie chrześcijańskie jest nieustanną walką. Nie chodzi tu tylko o walkę ze światem i ze światową mentalnością. Nie sprowadza się ona także do zmagania z własną słabością i własnymi skłonnościami. Jest to także nieustanna walka z diabłem, który jest księciem zła. Nie uznamy istnienia diabła, jeśli będziemy patrzeć na życie tylko za pomocą kryteriów empirycznych i bez zmysłu nadprzyrodzoności. Jego obecność odnajdujemy już na pierwszej stronie Pisma Świętego, które kończy się zwycięstwem Boga nad demonem. Słowo Boże wyraźnie zachęca nas do tego, by „się ostać wobec podstępnych zakusów diabła" *(Ef 6,11)*. Nie są to słowa romantyczne, bo nasza droga do świętości jest także ciągłą walką. Na tej drodze postęp w dobrym, dojrzewanie duchowe i wzrastanie w miłości są najlepszą przeciwwagą dla zła... „Kto zaczyna bez ufności, już przegrał pół bitwy i zakopuje własne talenty. [...] Chrześcijański triumf jest zawsze krzyżem, ale krzyżem, który jednocześnie jest sztandarem zwycięstwa wznoszącym się z waleczną czułością przeciw napaściom zła" (Adhortacja apostolska *Evangelii Gaudium*, 24 listopada 2013 r.).

PAPIEŻ LEON XIII PRZEKAZUJE NAM MODLITWĘ UŁOŻONĄ PO WIZJI PIEKŁA:

W książce Gabriela Amortha *Wyznania egzorcysty* znajdujemy streszczenie tej wizji:

Pewnego poranka wielki Papież Leon XIII zakończył Mszę Świętą i uczestniczył w innej, odprawiając dziękczynienie, jak to zawsze miał w zwyczaju czynić. W pewnej chwili zauważono, że energicznie podniósł głowę. A następnie utkwił swój wzrok w czymś, co się unosiło nad głową kapłana odprawiającego Mszę Świętą. Leon XIII wpatrywał się niewzruszenie bez mrugnięcia okiem, ale z uczuciem przerażenia i zdziwienia, mieniąc się na twarzy. Coś dziwnego, coś nadzwyczajnego działo się z nim.

Wreszcie jakby przychodząc do siebie, dał lekkim, ale energicznym uderzeniem dłoni znak. Wstał i udał się do swego prywatnego gabinetu. Na pytanie zadane przyciszonym głosem: „Czy Ojciec Święty czuje się dobrze? Może czegoś potrzebuje?", odpowiedział: „Nic. Nic". Po upływie pół godziny kazał przywołać sekretarza Kongregacji Rytów. Dał mu zapisany arkusz papieru i polecił wydrukować go oraz przesłać do wszystkich w świecie biskupów ordynariuszy diecezji. Co on zawierał? Treść modlitwy, którą odmawiamy razem z ludem po zakończeniu Mszy Świętej z prośbą skierowaną do Maryi i gorącym wołaniem do Księcia Wojska Niebieskiego, błagając, aby Bóg strącił szatana do piekła. W piśmie polecono także, aby tę modlitwę odmawiano na klęczkach.

Aneks 4: Światła od papieży

Oto inna opowieść pochodząca z prawie identycznego świadectwa, zawierająca kilka dodatkowych szczegółów, opublikowanego w *L'Appel du Ciel (Wezwanie z nieba)*, nr 25 z września 2010.

13 października 1864 roku, po tym, jak papież Leon XIII zakończył odprawianie Mszy św. w kaplicy watykańskiej, otoczony kilkoma kardynałami i urzędnikami watykańskimi, zatrzymał się nagle przy ołtarzu. Stał tam przez około 10 minut jak w ekstazie, z twarzą jaśniejącą światłem. Potem, po natychmiastowym wyjściu z kaplicy do swojego gabinetu ułożył modlitwę do św. Michała Archanioła i zalecił, by była ona odmawiana wszędzie, po każdej Mszy Świętej.

Gdy spytano go, co się stało, wytłumaczył, że w chwili gdy przymierzał się do odejścia od ołtarza, nagle usłyszał głosy:

Po Mszy św. usłyszałem dwa głosy: jeden łagodny i dobry i drugi – gardłowy i ciężki. Wydawało się, że wychodzą one z boku tabernakulum. Był to demon, który zwracał się do Pana, w dialogu. Potem miałem straszliwą wizję piekła: ujrzałem ziemię jakby otoczoną ciemnościami i widziałem, jak z czeluści wychodzi legion demonów, które rozprzestrzeniły się na świecie, aby niszczyć dzieła Kościoła i atakować Kościół i widziałem go prawie unicestwionego. Wtedy ukazał się św. Michał i strącił złe duchy w przepaść. Potem ujrzałem św. Michała Archanioła interweniującego nie w tamtej chwili, ale później, gdy ludzie mnożyli żarliwe modlitwy do Archanioła.

Po tej wizji Leon XIII ułożył tę modlitwę do Michała Archanioła:

> Święty Michale Archaniele!
> Wspomagaj nas w walce,
> a przeciw niegodziwości i zasadzkom złego ducha
> bądź naszą obroną.
> Oby go Bóg pogromić raczył,
> pokornie o to prosimy,
> a Ty, Wodzu niebieskich zastępów,
> szatana i inne duchy złe,
> które na zgubę dusz ludzkich po tym świecie krążą,
> mocą Bożą strąć do piekła. Amen.

Modlitwa ta została zniesiona w 1964 roku, jednak podczas *Regina Caeli*, w niedzielę 24 kwietnia 1994, papież Jan Paweł II poprosił wiernych o odmawianie modlitwy do św. Michała Archanioła, ułożonej przez Leona XIII, po Mszy św. Mówił o Niewieście obleczonej w słońce, wymienionej w wizji apokaliptycznej św. Jana, kiedy to smok chce pożreć Jej nowo narodzonego Syna. Papież powiedział wtedy, że [...] musimy zwrócić się do Niewiasty obleczonej w słońce i poddać się Jej matczynej trosce:

> Niech modlitwa umacnia nas do walki duchowej, o której mowa w Liście do Efezjan: „Bądźcie mocni w Panu – siłą Jego potęgi" *(Ef 6,10)*. A jest to ta sama walka, do której odnosi się Apokalipsa, przywołując przed nasze oczy obraz św. Michała Archanioła.

Aneks 4: Światła od papieży

Św. Michał Archanioł broni nas w walce przeciwko szatanowi i pułapkom, które na nas zastawia.

29 WRZEŚNIA 2019 R., W ŚWIĘTO ŚW. MICHAŁA ARCHANIOŁA, PAPIEŻ FRANCISZEK POPROSIŁ WSZYSTKICH KATOLIKÓW O odmawianie przez cały październik, miesiąc różańca, modlitwy różańcowej, a potem – *Pod Twoją obronę* i modlitwy do św. Michała Archanioła. Oto ta modlitwa:

Pod Twoją obronę uciekamy się, święta Boża Rodzicielko, naszymi prośbami racz nie gardzić w potrzebach naszych, ale od wszelakich złych przygód racz nas zawsze wybawiać, Panno chwalebna i błogosławiona.
O Pani nasza, Orędowniczko nasza, Pośredniczko nasza, Pocieszycielko nasza.
Z Synem swoim nas pojednaj, Synowi swojemu nas polecaj, swojemu Synowi nas oddawaj.

www.ingramcontent.com/pod-product-compliance
Lightning Source LLC
Chambersburg PA
CBHW072210100526
44589CB00015B/2456